Lübeck

lieben lernen

Der perfekte Reiseführer für einen unvergesslichen Aufenthalt in Lübeck inkl. Insider-Tipps, Tipps zum Geldsparen und Packliste

Maite Adler

✈ INHALT

Das erwartet Sie in diesem Buch

Seit beinahe 900 Jahren besteht die Stadt Lübeck an ihrem heutigen Standort. Ihre Geschichte ist einmalig, ihr heutiges Aussehen ein besonderes Bild. Durch die Jahrhunderte hinweg hat sich der Charakter der aktuell zweitgrößten Stadt Schleswig-Holsteins geprägt und bezaubert heute Bewohner und Gäste mit der Vielfältigkeit der Sehenswürdigkeiten, Kulturgüter und dem maritimen Charme. Gern stelle ich Ihnen in diesem besonderen Reiseführer diese wunderschöne Stadt vor und helfe Ihnen, sich unter allen gegebenen Möglichkeiten die für Sie am besten geeigneten Orte für Kultur, Freizeit, Spaß, Natur, Unterkunft und Verpflegung auszusuchen.

Nach einem kurzen Abriss der historischen Entwicklung der Stadt erfahren Sie mehr über die außerordentliche Varianz, die in dieser lieblichen Stadt zu finden ist. Es ist unfassbar, wie viel diese Stadt zu bieten hat: Ob Sie eine Tagesreise oder einen längeren Aufenthalt planen, ob Sie Interesse an Kunst, Musik, Theater, Seefahrt, Handel, Literatur, Architektur haben oder schlichtweg dem Alltag entfliehen wollen: Lübeck bietet Ihnen zu jeder Jahreszeit Besonderheiten, die Sie in einer Stadt, mit der jeder – wenn überhaupt – erst einmal lediglich Marzipan assoziiert, ins Staunen gerät.

Begleiten Sie mich auf einer Reise durch Zeit, Genuss und Kunst. Erleben Sie die einmalige Eleganz der Hansestadt.

Lübeck – Estd 1143

An der südöstlichen Grenze Schleswig-Holsteins liegt die Hansestadt Lübeck. Diese geographische Lage und der historische Verlauf der Stadt haben durch ihre Kombination einen Ort erschaffen, der derart vielfältig ist, dass innerhalb eines Tages nur ein geringer Teil der essenziellen Entwicklung erfasst werden kann. Schon vor dem Entstehungsjahr 1138 gab es nahe der heutigen Altstadt eine Siedlung, deren Name „Liubice" war. Sie ist der Namensgeber der Stadt. Verlagert wurde der Ort erst im 12. Jahrhundert, nachdem das um 700 von Slawen gegründete Dorf und die 819 entstandene Burg zerstört worden war.

DIE ANFÄNGE

Bündnisse mit anderen Städten sowie weitere Zugeständnisse des Kaiserhauses und die kluge Handelspolitik der Stadt sorgten für stetigen Zuwachs an Bevölkerung und Macht. Der bis ins 14. Jahrhundert hauptsächlich der Stadt Visby obliegende Russlandhandel konnte durch die Wirren und Verluste der Waldemar-Kriege übernommen werden. Lübeck – so Karl Pagel in seinem Werk „Die Hanse" 1942 – war „die geborene Königin der Hanse". Hier wurde 1356 der erste und 1669 der letzte allgemeine Hansetag abgehalten. In der Zeit zwischen diesen Tagen wurde Lübeck eine der mächtigsten und wichtigsten Städte des Heiligen Römischen Reiches.

Erste nennenswerte Rückschläge erhielt die Stadt ab den 1530er Jahren. Die Kriege gegen die Kalmarer Union und Dänemark schwächten das Gebiet und niederländische Seeleute fanden einen Weg, sich mit weitreichendem Einfluss in den Ostseehandel einzubringen. Dennoch blieb die schöne Stadt ein wichtiger Anlaufpunkt. Nicht nur für Händler – auch für Regenten. Der dreißigjährige Krieg wurde 1629 in Lübeck zwischen dem Kaiser und dem dänischen König niedergelegt, da die Stadt sich neutral hatte halten können. Diese Eigenständigkeit blieb der Hansestadt auch 1806 nach dem Fall des Römischen Reiches erhalten. Zwar geriet es für einige Jahre unter französische Besatzung, erlangte jedoch nach dem Fall Napoleons seine Freiheit zurück. Fortan durfte Lübeck sich erneut „Freie und Hansestadt" nennen und war völkerrechtlich souveräner Teil des deutschen Bundes.

NEUZEITLICHE ÄNDERUNGEN

Die bereits erwähnte Vorarbeit bezüglich einer Verfassung, die neutrale Politik und die Ruhe, mit der die Vorsteher Lübecks agierten, verhinderten den Matrosenaufstand 1918 zwar nicht gänzlich, waren aber mitunter dafür verantwortlich, dass die folgende Novemberrevolution die Stadt weitestgehend verschonte.

Weniger glimpflich verlief der Zweite Weltkrieg für die Lübecker Bevölkerung. Willy Brandt, damals noch unter seinem bürgerlichen Namen Herbert Ernst Karl Frahm bekannt, musste ob seiner regimefeindlichen Haltung und der Tätigkeit im Widerstand nach Norwegen fliehen, wo er sein bekanntes Pseudonym annahm. Im März 1933 setzten die Nationalsozialisten die sozialdemokratischen Werte Lübecks außer Kraft und entzogen Lübeck vier Jahre später die Eigenständigkeit durch das Groß-Hamburg-Gesetz- Lübeck wurde Teil der Provinz Schleswig-Holstein, damals noch zu Preußen gehörig.

Der März 1942 war nicht nur der Anfang vom Ende des Dritten Reiches unter Adolf Hitler, sondern auch der Moment, in dem die Alliierten Lübeck aus der Luft angriffen und über 1.000 Gebäude vollständig oder teilweise zerstörten. Zu Schaden kamen darunter auch der Dom zu Lübeck, der bereits im 12. Jahrhundert erbaut worden war, die Marienkirche und die Petrikirche.

Dem klugen Handeln des Generalmajors Luttner ist es zu verdanken, dass – abgesehen von diesem einen Bombardement – keine weiteren Explosionen die Stadt beschädigen konnten. Als die Amerikaner die Stadt betraten, ließ er sämtliche Sprengfallen von Brücken und Mauern entfernen. Der Versuch der Stadt, 1956 ihre Selbstständigkeit wiederzuerlangen, scheiterte. Lübeck verlor durch die Aufteilung Deutschlands den Zugang zum mecklenburgischen Teil, hatte aber als nördlichster Grenzpunkt wieder wirtschaftlichen Aufschwung, da über Travemünde der Verkehr nach Westeuropa und die nun dem Osten zugeteilten Staaten Norwegen und Finnland verlief. Nach dem Mauerfall wurde Lübeck wieder das Wirtschaftszentrum des westmecklenburgischen Territoriums.

STAND DER DINGE

Seit 1911 ist die Zahl der Anwohner über 100.000 gestiegen, somit gilt Lübeck seither als Großstadt. Den Höchststand erreichte die Einwohnerzahl 1968 mit über 243.000 Seelen. Derzeit beläuft sich die Anwohnerzahl auf etwas weniger als 220.000. Die Stadt ist in zehn Stadtteile gegliedert, einer davon ist die Innenstadt, in der es die meisten Möglichkeiten der Freizeitgestaltung gibt. Ein weiterer Part ist das beliebte Kurbad Travemünde. Erstehen konnte die Stadt diesen für Wirtschaft, Handel und Tourismus wichtigen Teil bereits im 14. Jahrhundert. Wenn Sie Erholung suchen, finden Sie sie an diesem Ort.

Im Dezember 1987 ernannte die UNESCO den Großteil der Lübecker Innenstadt zum weltweit ersten Flächendenkmal: Über 1.000 Gebäude und Skulpturen sind Teil des Welterbes, unter anderem da sich dieser Teil der Welt als besonders ergiebig zum Erforschen der mittelalterlichen Gegebenheiten erwiesen hat. Dieses Welterbe gilt es nun zu erkunden.

Lübische Mentalität

Es ist allgemein bekannt, dass Norddeutsche humorlos, streng und kalt wie ihr Wetter sind. Diejenigen, die dies behaupten, waren vermutlich nie in Lübeck. Jeder ist hier gern gesehen, viele Veranstalter freuen sich auch über Publikumsinteraktion und es gibt eine Unmenge an Gaststätten und Unterkünften. Sie werden überall herzlich begrüßt und ähnlich süß wie das berühmte Marzipan ist das Lächeln der Lübecker, wenn wieder einmal jemand ihre schöne Stadt bestaunt. Zwar wurde die Theorie, dass der Name „Liubice" sich von dem slawischen Wort „lieblich" ableite, mittlerweile wieder verworfen, sollte aber nicht vergessen werden: Der Charme der Bauten macht die Stadt aber nicht allein zum Publikumsliebling: Die Herzlichkeit der Einwohner trägt einen großen Teil dazu bei – diese haben immerhin das Marzipan und die Schwartauer Konfitüre bekannt gemacht. Es finden in regelmäßiger Wiederholung Veranstaltungen statt, die jeden Lügner strafen, der behauptet, Lübeck mangele es an Gastfreundschaft.

Sie werden hier häufig dem niederdeutschen Dialekt begegnen, der einen großen Teil der Kultur geprägt hat, aber auch Ost- und Hochdeutsch wird an Ihre Ohren dringen. In allen Dialekten merkt man deutlich den Stolz der Einwohner auf ihre traditionsreiche Stadt. Der Erhalt des Weltkulturerbes beispielsweise geschieht fast ausschließlich durch Einsatz der Anwohner und die von diesen gegründeten Stiftungen. Auch die später erwähnte Theaterkultur bleibt zu einem wesentlichen Teil durch freiwillige Mitarbeit und Spenden erhalten.

Immer wieder stellen Schüler oder gemischte Einwohnergruppen Initiativen auf die Beine, um die verschiedensten Institutionen zu erhalten, umzustrukturieren oder ihnen finanzielle Unterstützung zukommen zu lassen.

Wie wichtig den Ortsansässigen die Tradition und ihr Stadtbild ist, beweist der Stadtteil St. Lorenz: 1942 wurde beinahe das gesamte Gründerviertel, welches westlich der Innenstadt liegt, durch den Luftangriff zerstört. Nachdem für kurze Zeit eine Berufsschule dort aufgestellt und wieder entfernt wurde, baute die Stadt erneut Häuser, die sich an der ehemaligen Architektur orientierten, so dass das Viertel nun wieder die Optik der Innenstadt ergänzt. Aber nicht nur die Bauwerke und Struktur der Stadt lassen die Brust der Bürger schwellen.

Die Liste der „Söhne und Töchter Lübecks" sowie deren Ehrenbürger lesen sich wie ein Who-iswho der deutschen Geschichte. Nicht nur Literaten, auch Politiker wie Willy Brandt, Architekten, das „Lübecker Wunderkind" und zahlreiche weitere bedeutende Menschen lebten und wirkten in der Hansestadt. Den Beweis dafür liefern unter anderem diverse Skulpturen in der gesamten Stadt und – natürlich – das Günther-Grass- und das Buddenbrook-Haus. Etwas mehr als 40% der Einwohner sind evangelischen Glaubens, aber auch der Islam,

Katholiken, Juden, Mennoniten, Orthodoxe (griechisch und russisch), die Zeugen Jehovas mit fünf Gemeinden und Mormonen sind vertreten. Es herrscht eine allgemeine Toleranz gegenüber Neuem oder Fremden. So wurde 1956 in Lübeck die deutschlandweit erste Frau zur Pastorin erkoren. Auch politisch sind die Lübecker sozial eingestellt und haben derzeit eine schwarz-rot-grüne Gemeindevertretung.

Und nicht nur gegenüber neuen Menschen und Begebenheiten sind die Lübecker aufgeschlossen, auch die Tradition hat ihren festen Platz im Alltag der Stadt. Jährlich findet im Januar das mittelalterliche Kringelhöge statt: Ein Hauptartikel des seit Jahrhunderten bestehenden Ostseehandels war Salz aus Lüneburg. Mit Salz macht man am besten Brezeln (niederdeutsch: Kringel). Dieses Gebäck wird seit dem 14. Jahrhundert von der Gilde der Stecknitzfahrer an Waisenkinder – heutzutage an alle anwesenden Kinder – verteilt. Traditionell dürfen nur Männer die Salzwaren verteilen. Frauen sind lediglich zum abendlichen Ball zugelassen.

Als in den 80er Jahren eine Stadtpräsidentin im Amt war, durfte diese ebenfalls erst abends der

Veranstaltung beiwohnen. Dies dürfte sie weniger gefreut (gehögt) haben, als diejenigen, die an diesem Tag beschenkt werden und somit den Namen des Rituals vervollständigen.

Weiterhin wird morgens gemeinsam mit den geladenen Gästen im Gildehaus gefrühstückt, das speziell für diesen Tag gebraute Bier getrunken und Pfeife geraucht, während Ältermänner der Stecknitzer Gilde, aus Gothmund und andere Angehörige der Seefahrt aus Deutschland Reden wichtiger Themen halten. Ein Gottesdienst „up Platt" komplettiert den Tag. Dieser findet im Dom zu Lübeck statt, da sich dort der Altar der Stecknitzfahrer befindet.

Die Einwohner Lübecks sorgen aber nicht nur für die Fortführung kultureller Ereignisse – sie haben auch noch Spaß dabei. Seit 1969 verkühlen sich die Teilnehmer der Eisarsch-Regatta (ja, gesprochen wie Sie denken) regelmäßig im Winter die Rückseite. Den Namen erhielt der Wettbewerb dadurch, dass jährlich Anwärter auf die Trophäe von ihren Jollen fallen und sich den Po in der eiskalten Wakenitz verkühlen. Es gibt einen Team-Pokal, einen Preis für den besten auswärtigen Teilnehmer und einen rosafarbenen Kinderpopoabguss auf Mahagoni für die örtlichen Gewinner. Und gesellig sind die Lübecker auch: Der Wonnemonat wird jährlich traditionell mit einem rein freiwilligen und kostenfreien „Maisingen" begrüßt. Hier treffen sich Bürger aus der ganzen Stadt in den Rathausarkaden und singen gemeinsam „Der Mai ist gekommen". Sie sind herzlich eingeladen, dem Ereignis beizuwohnen.

Obwohl es im Jahr hier durchschnittlich 190 Tage regnet, ist die Romantik nicht vergessen. Die Lindesche Villa gehört noch in die Gründerzeit. Um diese möglichst im Originalzustand zu erhalten, haben die Hansestädter diese kurzerhand in ein Standesamt umgebaut. Kurzum: Kommen Sie in die Stadt und sehen Sie selbst, wie sich alle Vorurteile in einen denkwürdigen Ausflug voller neuer Erfahrungen verwandeln.

Audio-visuelle Stärken

Die einzige Musikhochschule Schleswig-Holsteins befindet sich in Lübeck. Da ist es nicht verwunderlich, dass diese Stadt viel auf ihre musikalischen Fähigkeiten hält und dies in allen Facetten darstellt. Weiterhin ist in Lübeck die Urmutter der CineStar-Kinos zu finden: Das Lichtspielhaus Hoffnung, eröffnet 1948. Seither sind in der gesamten Bundesrepublik weitere 53 Filmpaläste entstanden.

LICHTSPIEL/KINO

Das Lichtspielhaus Hoffnung besteht weiterhin, allerdings – nach einem kleineren Brand 2004 und einem folgenden Umbau – als Veranstaltungssaal. Die Stadthalle (Mühlenbrücke) ist aktuell das größte Filmspielhaus der Stadt und zeigt die aktuellen Blockbuster und gängigen Kinofilme.

Ebenfalls zur CineStar-Gruppe gehört das Filmhaus (Königsstraße). Sollte Ihnen der Sinn nach weniger populären Streifen stehen, sind Sie in diesem Etablissement richtig: Es werden Alternativen zum Mainstream gezeigt, außerdem werden gelegentlich Lesungen und andere literarische Veranstaltungen abgehalten.

Das dritte – und vom CineStar unabhängige – Kino ist das „Kommunale Kino" in der Mengstraße. Sie können dort eine Auswahl eher selten gezeigter Filme anschauen oder die gelegentlichen Lesungen besuchen. Wie die beiden anderen Häuser, befindet sich auch dieses in der Altstadt.

Sind Sie ein Freund des Films? Vielleicht auch der Skandinavistik? Besuchen Sie Lübeck im Herbst. Jedes Jahr im November finden die Nordischen Filmtage statt. Auch in der Stadthalle sehen

Sie dann innerhalb dieses fünftägigen Ereignisses Filme aller Art aus Skandinavien, dem Baltikum und Schleswig-Holstein. Bei so einer Veranstaltung darf eine Gala nicht fehlen: Diese findet im Rahmen einer Filmpreisverleihung statt.

THEATER

Sollten Sie mit Ihrer Familie unterwegs sein, besuchen Sie die Freilichtbühne. Diese ist zwar nur im Zeitraum Ende Juni bis Anfang September wirklich unter freiem Himmel, da die Darsteller allerdings das gesamte Amphitheater ausnutzen, ist es ein unvergessliches Erlebnis für Groß und Klein. Es werden jährlich drei Stücke angeboten: eines für Kinder und ein Sommerkrimi, außerdem findet eine Inszenierung im Dezember im „Schuppen 6" im Binnenhafen statt. Auch diese ist für Kinder gemacht und läuft jährlich von Nikolaus bis einschließlich zum zweiten Weihnachtsfeiertag. Die Hauptbühne befindet sich fußläufig vom Hauptbahnhof in den südlich der Innenstadt gelegenen Wallanlagen.

Ebenfalls unter freiem Himmel können Sie die Darsteller des „Theater 23" genießen. Diese spielen auf drei verschiedenen Bühnen. Die dazugehörige Hauptbühne ist eine schwimmende im „Naturbad Falkenwiese". Sitze und Bühne sind überdacht. Die Stücke variieren zwischen optisch und akustisch untermalten Lesungen und witzig-niveauvollen Darstellungen verschiedenster Genres. Alle Darsteller haben sich aus unterschiedlichen Orten in ganz Deutschland zusammengeschlossen und so werden Sie bei häufigerem Besuch immer neue Gesichter sehen. Die Winterbühne dieses Theaters befindet sich in der alten „Kulturrösterei" und damit ebenfalls in der Innenstadt. Abseits der Sommerbühne finden Sie hier auch ein facettenreiches Angebot von Lesungen bis Kabarett.

Für klassisches Theater, Operetten, Musicals, Opern und modern inszenierte Dramen steht Ihnen das Stadttheater im Herzen der Innenstadt zur Verfügung. Das im Jugendstil erbaute Gebäude steht in dieser Form seit 1908 und bietet im Hauptsaal 800 Gästen Platz.

Haben Sie es gern etwas gemütlich? Dann sind Sie im „Theater Partout" in der Königstraße richtig.

Dort haben Sie die Wahl aus 90 Plätzen und werden niveauvoll und außergewöhnlich unterhalten. Ebenfalls eine gemütliche Atmosphäre finden Sie im „Theater Combinale", allerdings erleben Sie hier eigens inszenierte Stücke und Improvisationstheater. Das kleine Hinterhoftheater wird von einer Stammcrew aus acht Personen geführt, die durch Gastauftritte immer neue Möglichkeiten finden und in ständigem Kontakt mit dem Publikum Kritiken annehmen und umsetzen, sowie Zeitgeschehen mit in neue Stücke einbauen.

Eine kleine Besonderheit ist das Lübecker Theaterschiff: Ein umgebautes Frachtschiff hat im Holstenhafen 156 Plätze für Theaterfreunde frei. Wer allerdings auf Klassiker hofft, der irrt. Das Etablissement lebt von Gastauftritten namhafter Comedians und Beziehungskomödien. Wenn Sie gerne und viel lachen, kann ich Ihnen ebenfalls wärmstens das „Volkstheater Geisler" ans Herz legen: Hier erleben Sie Komödien im Stil des Ohnsorg-Theaters. Kombiniert mit Eigenproduktionen und der schlichteleganten Einrichtung ist es jeden Besuch wert und durch seine Lage mitten in der Innenstadt auch leicht zu erreichen.

Wenn noch nichts für Sie dabei war, so erwägen Sie bitte einen Besuch im Kindertheater am Tremser Teich. Hier – etwas abseits der Innenstadt – haben Sie jederzeit die Möglichkeit, die Märchen Ihrer Kindheit zu Eintrittspreisen zwischen 7,50 Euro und 9,50 Euro zu bestaunen.

Für den Fall, dass Sie mit Ihren Kindern unterwegs sind und diese kein Theater mögen: Lübeck hat ein ausgezeichnetes Puppentheater, das diverse Stücke im Gepäck hat und auch häufig Gastauftritte in einigen der bisher erwähnten kleineren Theater aufführt. Und falls Sie ohne Kinder unterwegs sind und nun denken, dass Puppen nichts für Erwachsene sind: Das Lübecker Figurentheater führt ebenfalls Stücke für Erwachsene auf.

Preislich bewegen sich alle in einem Rahmen zwischen 15 und 30 Euro pro Person. Eine Ausnahme ist das Stadttheater, dort können Sie – je nach Angebot und Platzauswahl – auch bis knapp über 50 Euro pro Person bezahlen. Für Schüler, Studenten und Menschen mit Behinderung gibt es überall Ermäßigung. Barrierefreiheit gestaltet sich besonders im Theater 23 schwer, sofern der Ort des Geschehens im Freibad ist.

Eine Seltenheit in Deutschland und eine Neuheit im Theaterbereich, mittlerweile nicht mehr nur in Lübeck bekannt, ist das Unterwassermarionettentheater. Sie kennen Theater, Sie kennen Puppentheater. Man geht hin und schaut ein schönes Stück an, erlebt, je nach Qualität der Schauspieler, die Emotionen auf der Bühne mit. Die Marionettenspieler agieren mit den Kindern im Besucherraum, gelegentlich gibt es auch im Theater eine Publikumsinteraktion.

Ein nachhaltiges Erlebnis hingegen widerfährt Ihnen bei den Wassermarionetten: Die Bühne beginnt im Besucherraum, jedes Stück ist eine lange geplante und strukturierte Produktion, die mit Hilfe von Beleuchtung, Akustik, Effekten und in Handarbeit produzierten Puppen eine einzigartige Erfahrung mit sich bringt. Die Puppen sind nach handgezeichneten Vorlagen in der Theaterwerkstatt gefertigt. Dafür wird je nach Bedarf und notwendiger Beschaffenheit anderes Material verwendet, denn der Großteil der Bühne befindet sich in einem Aquarium (keine Sorge, Sie sitzen im Trockenen).

Durch das Medium, in welchem der Hauptteil der jeweiligen Geschichte stattfindet, bieten sich ungeahnte Möglichkeiten, die die Theatercrew in liebevoller Kleinarbeit zu einem harmonischen Ensemble verarbeitet, das einen Genuss für Groß und Klein erzeugt. Seit 2017 gehört das Theater zum Verein „Wasserkunst e.V." und wird gefordert und gefördert. Zuvor war die Institution bereits auf der EXPO und stellte dort alle Produktionen vor. Und für Titel wie „Aquacat der Meisterdetektiv" oder Klassiker wie „20.000 Meilen unter dem Meer" ist der Eintrittspreis zwischen 8 und 20 Euro nur ein Hinweis darauf, wie viel Herzblut der Organisatoren und Spieler in den Produktionen steckt.

GENUSS FÜR DIE OHREN

Neben den regelmäßig im Stadttheater dargebotenen Konzerten findet sich in Lübeck auch eine „Musik- und Kongresshalle" (MuK). Diese Institution ist das größte Veranstaltungszentrum Schleswig-Holsteins und biete eine große Auswahl an Ereignissen. Neben Vorträgen und Tagungen haben Sie hier auch die Möglichkeit, Sinfonieorchestern aller Herren Länder zu lauschen oder Konzerte von Weltstars zu besuchen. Für Freunde der klassischen

Musik bleibt ein Besuch in der Lübecker Musikhochschule nicht aus. Neben regelmäßigen Konzerten findet hier jährlich Anfang Mai das Brahms-
Festival über einen Zeitraum von zehn Tagen statt.
Buchungen können ab 15. März vorgenommen
werden. Selbst, wenn Sie nicht gerne den Klassikern
oder auch dem moderneren Angebot der Institution
lauschen:

Ein Besuch der Hochschule lohnt sich auch wegen der Optik: Aus 22 Kaufmannshäusern wurde
hier ein einmaliger, besonderer Ort erschaffen, der
sich weit über die Stadtgrenzen hinaus Gehör ver-
schafft hat. Eine kostenlose Hörprobe dürfen Sie
sich jederzeit zwischen 17 und 20 Uhr in den Un-
terrichtsräumen abholen, denn Zuhörer sind zu
Unterricht und Prüfungen zugelassen.

Ein ganz besonderes Ereignis ist das Schleswig-
Holstein-Musik-Festival. Dieses findet jährlich über
etwa sieben Wochen im gesamten Bundesland statt
und ist jedes Jahr aufs Neue einem anderen Kom-
ponisten gewidmet. Lübeck ist Dank des Veranstal-
tungszentrums MuK und der Hochschule einer der
Hauptorte des Events. Hier finden Sie über diesen
Zeitraum besondere Angebote für Unterkünfte und

natürlich eine immense Auslese an musikalischen Darbietungen aller Art. Unter anderem können Sie, wenn Sie sich rechtzeitig melden, auch selbst mitsingen: Der Schleswig-Holstein Festival Chor lädt jedes Jahr dazu ein, vorzusingen und mitzumachen.

Die „Stadt der sieben Türme" veranstaltet immer von Juli bis August den „Lübecker Orgelsommer". Hier können Sie in vier der Kirchen über 30 Orgelkonzerten lauschen. Falls Sie den Eintritt von 6 bis 10 Euro pro Person und Konzert nicht zahlen mögen: Der Lübecker Dom gibt das ganze Jahr über regelmäßig Orgelkonzerte für etwa 30 Minuten – kostenlos. Ebenfalls gratis, aber gewiss nicht umsonst sind die Auftritte der Knabenkantorei St. Marien. Neben Auftritten in Operetten des Lübecker Theaters tritt der Knabenchor auch zu diversen christlichen Anlässen auf und erschafft eine heutzutage selten gewordene demütige Stimmung. Johann Sebastian Bachs „Weihnachtsoratorium" ist seit Mitte des 20. Jahrhunderts nicht nur traditionell im jährlichen Weihnachtsgesang zu hören, es ist auch die erste Tonaufnahme, die der Chor tätigte.

Sollten Sie es also nicht zur Weihnachtszeit nach St. Marien in Lübeck schaffen, können Sie sich einen Teil dieser wunderschönen Stimmung einfach mit in Ihr Wohnzimmer nehmen.

NACHTLEBEN

Auch außerhalb Lübecks sind die Großraumdiskotheken „Abaco" und „A1" bekannt. Hier finden Sie jederzeit verschiedene Musikrichtungen, darunter Techno, Schlager und Pop, auf diversen Floors. Unter anderem locken die Etablissements mit Single- oder Altersstufenparties, sowie Mottofeten für die 90er oder 2000er Jahre und Gastauftritte namhafter DJs.

Da im schönen Schleswig-Holstein das Glücksspiel nicht verboten ist, befindet sich in Lübeck auch ein kleines Casino mit Spielautomaten, Pokertischen, Roulette und anderen Gelegenheiten für Hobby- und Profispieler. Wer außerhalb der Clubs und Bars einen gediegenen Abend in gehobenem Ambiente und Abendgarderobe verbringen möchte, ist hier bis zum Feierabend um 2.30 Uhr herzlich willkommen.

Eine ruhigere Atmosphäre finden Sie innerhalb des vielfältigen Bar-Angebotes der Stadt. Ganz in

Ruhe gemütlich am Tresen ein Bier trinken können Sie in „Roberts Kneipe". Bitte bringen Sie Bargeld mit und lassen Sie die Seele baumeln, es sei denn, Sie möchten etwas weniger legere Gesellschaft: Das „Bolero" hat eine erlesene Auswahl an Cocktails und bietet zudem noch eine Speisekarte mit Kleinigkeiten wie Tapas, Wraps und anderem Fingerfood. Ab 17 Uhr können Sie hier täglich entspannen und sind weiterhin in der schönen Innenstadt.

In keiner Stadt darf ein Irisch-Pub fehlen, daher dachten sich die Besitzer des „Finnigan", sie übernehmen den Auftrag für die schöne Hansestadt. So finden sich Live-Musik-Auftritte verschiedener Künstler, Guinness und Kilkenny und lebensfrohe Gesellschaft in einer grün-goldenen gewölbeähnlichen Umgebung wieder. Ein Besuch lohnt sich auf jeden Fall. Für die Anhänger der Metal- und Rock-Szene empfiehlt sich besonders die „Angus-Bar". Hier können Sie täglich ab 18.30 Uhr in gemütlicher Atmosphäre mit Gleichgesinnten ein oder mehrere Biere oder auch eine gute Auswahl an Whiskey genießen. Die Bar befindet sich in der Innenstadt und ist eine von 12 Rock-Kneipen der Stadt.

Historie erleben

Bei der Stadt-Vita ist es nicht einfach, sich zu entscheiden, welchen Teil der Geschichte man auf welche Weise erleben möchte. Einen Überblick der Möglichkeiten möchte ich Ihnen in diesem Kapitel geben. Sollten Sie sich nicht entscheiden können, machen Sie einen simplen Spaziergang: Beginnen Sie am Hauptbahnhof in Richtung Innenstadt, wandern Sie los und genießen die Aura der Stadt. Gehen Sie vom Lindenplatz über die Puppenbrücke zum Holstentor, die Holsten-straße und den Kohlmarkt bergauf, biegen Sie dann links in die Breite Straße, die Hauptstraße der Fuß-gängerzone, und gehen diese mit offenen Augen entlang: Mit dem Wissen, das Sie nach dieser Lektüre haben, werden Sie eine Vorstellung vom Lübeck der letzten Jahrhunderte entwickeln können. Wenn Ihnen das nicht reicht, Sie sich aber dennoch nicht festlegen möchten: eine zweistündige Führung durch Stadt mit den wichtigsten Anhaltspunkten und kleinen Geheimnissen beginnt je nach Monat um 11 und/oder 14 Uhr am Informationsstand auf dem Holstentorplatz und kostet 15 Euro pro Person.

MUSEEN

Direkt an den Wallanlagen im Südwesten der Innenstadt befindet sich das „Museum für Natur und Umwelt". Bereits im 18. Jahrhundert hatte dies seinen Ursprung und ist somit das älteste Museum der Stadt. Sie können sich auf drei Etagen verteilt an Hand hauptsächlich regionaler Beispiele – der ausgestellte Pottwal ist gewiss nicht in der Lübecker Bucht geschwommen – über Sedimente sowie Flora und Fauna zu Wasser und zu Lande informieren. Das Museum wird nicht nur von der „Gesellschaft zur Beförderung gemeinnütziger Tätigkeit" unterstützt, sondern verdankt auch einigen Bürgern der Stadt den Umfang seiner Sammlungen. Einwohner, die Auslandsreisen tätigten oder für ihre eigene Forschung in andere Länder wie Südafrika auswanderten, verbanden ihre dortige Tätigkeit mit dem Beschaffen von Exponaten und sandten diese nach Lübeck. Wie in vielen der anderen Museen gibt es auch hier besondere Angebote für Kinder, Schulklassen und Familien.

Etwas weiter nördlich auf dem Werder liegt St. Annen. Zu Beginn des 16. Jahrhunderts erbaut um den Orden der Augustinerinnen aufzunehmen und einen Ort für unverheiratete Lübecker Töchter zu erschaffen, wurden die Nonnen nach kaum 30 Jahren im Zuge der Reformation zum Stift Steterburg verlegt und das Kloster wurde 1601 in ein Armenhaus umfunktioniert, welches wenige Jahre später um einen Strafvollzugsanbau ergänzt wurde.

Nach einem Brand Ende des 19. Jahrhunderts wurde die Kirche selbst vorerst nicht wiederaufgebaut. Das heutige „St. Annen-Museum" und die „Kunsthalle St. Annen" sind zusammengefasst unter dem Begriff „Museumsquartier St. Annen". Wichtig dabei zu wissen: Der Eintritt in eine der Einrichtungen liegt bei je 7 Euro für Erwachsene, möchte man beide Orte betreten sind es 12 Euro. Wo aber liegt der Unterschied? Das St. Annen-Museum befindet sich in den Anbauten der Kirche.

Diese könnten nach dem verheerenden Feuer gerettet und restauriert werden. Hier befinden sich nun die sakralen Elemente: Der alte Kreuzgang beinhaltet eine Sammlung wunderschöner geschnitzter Altäre verschiedener Städte, weitere Räume zeigen Mobiliar des Klosters und Bekleidung der Gläubigen, aber auch Gemälde mit hauptsächlich religiösen Motiven. Weiterhin wurden Einrichtungs- und Alltagsgegenstände Lübecker Bürger aus verschiedenen Epochen der Neuzeit zusammengetragen, um das tägliche Leben der vergangenen Jahrhunderte anschaulich zu machen.

Die Kunsthalle St. Annen hingegen wurde 1915, circa 30 Jahre nach dem Brand, neugebaut. Die Grundmauern waren erhalten geblieben und wurden nun für den Aufbau als Grundstein genutzt. Darauf entstand ein Gebäude, in dem wechselnde moderne Ausstellungen mit fotografischen und plastischen Aspekten heutiger Künstler mit den Bögen und Säulen der ursprünglichen Kirche gekonnt in Szene gesetzt werden. Neben preisgekrönten Ausstellungen und künstlerischen Ideen für die Wirtschaft haben Sie zu besonderen Anlässen auch kostenfreien Zutritt zu Lesungen oder Exponaten. Ein schöner Zusatz: Der Innenhof zwischen den Gebäuden beherbergt einige Skulpturen.

Ein sonst eher selten gesehenes Magazin bietet das Theaterfigurenmuseum im „Kolk": Theaterpuppen und Zubehör aus drei Kontinenten sind hier in einer Reihe umgebauter Häuser direkt an der Trave zu erkunden. Ursprung der Ausstellung war Fritz Fey, Sprössling einer Puppenspielerfamilie, der privat eine Sammelleidenschaft für Puppen aus aller Welt entwickelte. Diese Sammlung wurde durch weitere Nachlässe anderer Sammler und Spieler ergänzt und füllt nun die Räume von fünf zusammengeschlossenen Kaufmannshäusern.

Die Vielzahl der Exponate der letzten drei Jahrhunderte beinhaltet neben unterschiedlichsten Puppen auch Instrumente, Plakate, Kulissen und ganze Bühnenaufbauten. Ende 2017 wurde das Museum vorerst wegen umfassender Sanierungen geschlossen. Diese sollen Ende 2019 beendet sein, so dass Sie einem Besuch ab 2020 wieder gespannt entgegensehen können.

Nicht nur, dass Sie es über die mit diversen Statuen ausgestattete Puppenbrücke erreichen, Sie können sich das Holstentor am westlichen Rand der Innenstadt auch in aller Ruhe ansehen. Die Straße, die einst durch das Tor in die Stadt führte, wurde – im Gegensatz zum Burgtor im Norden des Werders – so umgebaut, dass das mittelalterliche Tor umfahren werden muss und Sie in aller Gemütlichkeit die kleine Parkanlage um das Tor genießen können. Auf diesem Vorplatz wurde in den Jahren 2003 bis 2006 jeweils im Winterquartal die „Ice World" mit jährlich wechselnden Themen ausgestellt.

Aber auch ohne Schmuck ist der Anblick beeindruckend. Das Wahrzeichen der Stadt hat neben dem eigentlichen Torbogen zwei massive Türme mit 3,5 Meter dicken Mauern auf der stadtabgewandten Seite (die Innenseite hat wenige dicke, dafür aber fensterreichere Mauern). Der Bau des Kolosses hat 14 Jahre gedauert und hält seit nunmehr über 500 Jahren (Fertigstellung 1478). Die aktuelle Außenform mit dem Stufengiebel auf dem Mittelpart erhielt es erst Ende des 19. Jahrhunderts.

Nach Betreten des Innenraumes werden Sie in zahlreichen Räumen über vier Etagen darüber unterrichtet, wofür das Holstentor steht: Macht, Reichtum und Aufstieg der Hansestadt Lübeck.

Nicht nur ein detailgetreues Model der Lübecker Innenstadt kann betrachtet werden, auch eine Kanone wurde an dem ihr zugewiesenen Platz zur Verteidigung gelassen. Weiterhin sind Schiffsmodelle angebracht und da in einer derart wichtigen Stadt auch ein Gerichtswesen existieren musste, hat man Ihnen zu Ansicht eine mittelalterliche Folterbank, die zur Rechtsfindung diente, aufgestellt. Das Museum, dessen Preise wie in den meisten anderen Museen bei 7 Euro pro erwachsener Person liegen, erläutert in Bild und Wort die gesamte mittelalterliche Stadtgeschichte mit dem Schwerpunkt Hanseentwicklung, hat dabei allerdings im Vergleich zu den anderen auch keine wechselnden Ausstellungen.

Mitten im Herzen der Innenstadt befindet sich das Buddenbrookhaus. Einige der Drehorte des 2008 entstandenen Filmes haben Sie möglicherweise auf dem Weg hierher bereits erkannt, aber auch, wenn Sie weder Buch noch Film kennen: Ein

Besuch hier lohnt sich in jedem Fall, nicht nur wegen der bereitgestellten Informationen über den Film, auch die Geschichte der Gebrüder Mann ist zum Greifen nahe und zwei Räume sind so gestaltet, wie die Figuren im Roman die Räume kannten. Im Rahmen der EXPO 2000 wurde dieses Projekt überarbeitet und es entstand global betrachtet das erste derartige Literaturprojekt:

Ein Buch, in dem man wandern kann. Bereits sieben Jahre zuvor hatte die „Kulturstiftung Hansestadt Lübeck" hier zum Gedenken an Thomas und Heinrich Mann dieses Hauses eingerichtet, so dass verschiedene Gesellschaften hier ihre Büroräume hatten. Ebenso war und ist eine Forschungsbibliothek im Keller des Gebäudes untergebracht. Nunmehr wurde jede Etage einem anderen Thema gewidmet: Ebenerdig findet sich die dauerhafte Exposition „Die Manns – eine Schriftstellerfamilie" mit zahlreichen Informationen zum Leben und Wirken bis hin zu postumen Ereignissen der Literatengeschwister. Die beiden von den ursprünglichen Besitzern genutzten Räume der ersten Etage zur Repräsentation beherbergen die Sammlung „Die Buddenbrooks – ein Jahrhundertroman". Mit Hilfe von

Tonträgern, Filmmaterial und Ausstellungsstücken von Manuskripten und Dokumenten bis hin zu begehbaren Kulissen und Dioramen erleben Sie hier die Geschichte von Aufstieg und Niedergang der fiktiven Lübecker Kaufmannsfamilie. Im nächsten Geschoss finden sich regelmäßig wechselnde, thematisch geeignete Ausstellungen. Die Fassade des Gebäudes, die unter anderem auf den Deckeln diverser Ausgaben der „Buddenbrooks" zu sehen ist, ist das einzige Element, was nach dem Bombardement der Alliierten 1942 stehen blieb. Das Haus wurde anschließend wiederaufgebaut, die Fassade erneuert, aber der ehemalige Stil wurde beibehalten.

Auf dem Fußweg durch die Innenstadt begegnet Ihnen im nächsten Schritt die Katharinenkirche. Dieses aus Backstein gefertigte Gotteshaus gehört zum Weltkulturerbe und zeigt sich in der ursprünglichen Architektur aus dem 14. Jahrhundert. Sie ist die letzte noch verbliebene von insgesamt vier Lübecker Klosterkirchen. Bis zur Zeit der Reformation war der Gebäudekomplex Herberge und Hauptdomizil der norddeutschen Franziskaner-Mönche. Da diese in Askese lebten und Bescheidenheit eine der Haupttugenden war und ist, gehört die Kirche nicht zu den sieben Türmen Lübecks. Neben der Kirche befindet sich noch immer das Klostergebäude. Dieses wurde 1531 zu einer Lateinschule – dem Katharineum. Heute ist es ein Gymnasium.

Ein weiterer Anbau wurde zur heute noch immer dort ansässigen Stadtbibliothek. Das kurze Intermezzo unter französischer Herrschaft zu Beginn des 19. Jahrhunderts wandelte die Kirche kurzer Hand in einen Viehstall und ein Militärspital um. Nach Abreise der Franzosen wurde der Chorstuhl und die zugehörigen Fenster erneuert und das Gebäude zur Sicherung der historisch-relevanten Elemente aus dem Burgtor genutzt. Nach geraumer Zeit unter Nutzung der Räumlichkeiten als Konzert- und Ausstellungshalle und immer aufs Neue als Lagerhalle, wurden dort ab 1942 wieder Gottesdienste verschiedener Glaubensrichtungen abgehalten, da ein großer Teil der anderen Kirchen der Stadt stark beschädigt worden war.

Ebenfalls wurde der Durchgang zur Schule wieder freigegeben, so dass auch die Schule ohne Umwege Andachten hier abhalten konnte. Bis heute nutzt das Lehrinstitut die Katharinenkirche für diverse Veranstaltungen. Um 1980 wurde die Kirche als zu St. Annen gehörigem Museum eingerichtet. Bereits im Außenbereich – in den Nischen der Wände – begegnen dem Besucher diverse Skulpturen. Im Inneren des Museums befinden sich weitere Originale und Abgüsse, außerdem plastische und gemalte sakrale Kunst.

Bevor Sie jedoch die Augen auf die atemberaubende Architektur, den doppelten Chor und die hohen Decken lenken, schauen Sie auf den Fußboden: Dieser ist über und über mit Steinplatten bedeckt. Es handelt sich dabei um Grabsteine, da sich viele Lübecker Bürger, aber auch bis lange nach der Abreise der Franziskaner um 1530 die Mönche ihr Grab in dieser geweihten Stätte wählten. Für Besucher zugänglich ist die Kirche jedoch nur donnerstags bis sonntags für etwa vier Stunden, da erstmals in der Geschichte der Lübecker Museen Freiwillige den Eintritt von 6 Euro einsammeln.

Ein kurzer Abstecher in die Glockengießerstraße bringt Sie in das Günther-Grass-Haus. Nachdem Sie in einem authentisch eingerichteten Kolonialwarenladen die Stimmung des Protagonisten aus Grass' Werk „Die Blechtrommel" nachempfinden können, geleitet Sie das Museum durch Wirken und Werken des Künstlers. Nicht nur Schriftstücke, auch Skizzen können Sie betrachten. Mit diversen Mitteln können Sie dem Künstler auf seinem Lebensweg folgen, ob akustisch, optisch oder interaktiv. In spielerischer Weise kann auch der Nachwuchs durch das Haus geführt werden:

Eine eigens für die Ausstellung geschriebene Geschichte bindet Kinder aktiv in die Sammlung mit ein. Im oberen – leider nicht barrierefreien – Stockwerk finden Sonderausstellungen statt. Diese beschäftigen sich meist mit anderen Künstlern, die – ähnlich wie Günther Grass – nicht ausschließlich Interesse am Schreiben hatten. Sobald Sie alles im Haus entdeckt haben, können Sie in den Garten gehen und dort noch die plastischen Werke des Kunstschaffenden ergründen.

Aus dem Grünen heraus können Sie bereits das nächste Museum betreten: Das Willy-Brandt-Haus ist direkt mit dem Günther-Grass-Garten verbunden. Anders als bei dem 2015 Verstorbenen betreten Sie nun eine Welt der Politik und des Kampfes. Der spätere Bundeskanzler wurde in Lübeck geboren. Das Verhältnis zu seiner Mutter war schwierig, seinen Vater verschwieg sie ihm. Seine Berufung fand er in der Sozialpolitik. Dort bekam er nach 1932 Probleme, da er in der Widerstandsbewegung gegen die Nationalsozialisten tätig war. So bewegt wie sein Leben ist auch der Besuch in dem ihm gewidmeten Haus: Betreten Sie Rednerpulte, nehmen Sie an den Lesungen und Diskussionsreden teil. Diese Institution bietet Ihnen diverse Möglichkeiten, selbst mitzuerleben und nachzuvollziehen, wie und wieso Willy Brandt einen Friedensnobelpreis erhielt.

Wesentlich ruhiger geht es ein paar Häuser weiter zu: Das Doppelmuseum Behnhaus-Drägerhaus lädt ein, in aller Ruhe durch die Räume zu wandeln und sich der Moderne zu widmen. Betrachten Sie Bilder von Caspar David Friedrich, Edvard Munch und je nach aktueller Sammlung weitere Werke diverser Künstler aus jüngster Zeit. Dabei schlendert man durch die erhaltenen Wohnräume des Drägerhauses. Dieses wurde Ende des 20. Jahrhunderts mit dem benachbarten Behnhaus, ebenfalls ein Stadtpalais, verbunden. Auch wenn weitere Gemälde und Skulpturen im Behnhaus sind, so könnte man meinen, die reichen Handelsfamilien der Hanse würden gleich hereinspazieren: Die Räume sind mit Mobiliar vergangener Zeiten so eingerichtet, als wären die Zimmer noch bewohnt. Die Häuser sind seit ihrer Entstehung im späten 18. Jahrhundert im Grund bestehen geblieben, so dass eine einmalige, angenehme Stimmung in den Häusern vorherrscht.

Das „Museumshaus Hansestadt Danzig" liegt nur wenige Schritte entfernt in der Engelsgrube 66. In diesem schönen Haus im gotischen Stil aus dem 13. Jahrhundert wahrt der „Museumsverband Schleswig-Holstein" das Gedenken und Gut der Stadt Danzig mit der für Danzig typischen Wohnraumgestaltung. In jedem Raum erfahren Sie Details über Geschichte, Kunst und Kultur, aber auch Schicksalsschläge der Stadt und ihrer Umgebung. Da es sich um ein kleines Museum handelt, empfiehlt es sich, dass Sie zuvor anrufen. Die Öffnungszeiten sind derzeit auf zwei Stunden montags und dienstags begrenzt, man führt Sie aber auch gerne nach voriger Anmeldung durch das Haus.

Optisch auf der Außenseite in die Stadtmauer und auf der Innenseite in die Häuserzeilen integriert liegt im Norden der Innenstadt das „Europäische Hansemuseum". Persönlich auf Sie abgestimmt im Bezug auf Sprache und Affinitäten, erleben Sie hier die Geschichte der Hanse in einem Umfang, den Ihnen sonst keines der vorgestellten Museen bieten kann. Wie der Name es sagt, ist dieses nicht regional auf Lübeck beschränkt. Sie können beim Eintritt auswählen, welche der Hansestädte Ihnen an den interaktiven Monitoren nach Vorlage Ihrer Eintrittskarte angezeigt werden soll.

Der Eintritt kostet Sie zwischen 8 und 18 Euro, Ermäßigungen für Familien, Studenten und Menschen mit Behinderung sind möglich. Für den höheren Preis erhalten Sie Zugang zur jeweiligen Sonderausstellung, dem Gericht, Gefängnis und dem benachbarten Burgkloster. Es lohnt sich: Das gesamte Areal umfasst über 7.000 Quadratmeter und schließt unter anderem eine anschauliche Ausgrabungsstätte und das zum Weltkulturerbe gehörige Burgkloster mit ein. Letzteres wurde im 13. Jahrhundert erbaut und war über 300 Jahre lang ein Dominikanerkloster.

Wie schon die anderen städtischen Klöster, verlor das Konvent nach der Reformation seinen Sitz und wich einem Armenhaus. 1806 wurde die Kirche wegen Nichtnutzung und statischer Instabilität – es waren bereits einige Pfeiler und Gebäudeteile in den vorigen Jahrhunderten gebrochen – abgerissen. Stattdessen errichtete man eine Schule. Das Brauhaus und die Marstallschmiede wurden zugunsten eines neuen Gerichtsgebäudes samt Zellen für die Strafgefangenen entfernt. Einen Gerichtssaal und zwei der Zellen können Sie noch heute dort besichtigen. In den 1970er Jahren wurden die Gebäudeteile des Mittelalters so gut es ging restauriert und mit der archäologischen und einer Münzsammlung ausgestattet.

Erst 2015 wurde das „Europäische Hansemuseum" eröffnet und integrierte die bis dahin dort ausgestellten Stücke nach Bedarf. Im Teil des Burgklosters können Sie nach umfangreichen Sanierungen einen wesentlichen Teil der ursprünglichen, sakralen Räume bestaunen. Dabei begleitet Sie, wenn Sie möchten, ein „Audioguide", der Ihnen die Exponate und die Geschichte der Hanse näherbringt, die hier ausgestellt sind. Sie erfahren, wie sich die Seefahrer zu einem Bund zusammenschlossen und welche Errungenschaften getätigt oder Hindernisse überwunden wurden.

Die aktuelle Sonderausstellung im angrenzenden Hansemuseum dreht sich ganz um Störtebeker und andere Halunken aus dem späten Mittelalter und der frühen Neuzeit. Aber auch Piraterie im Allgemeinen bildet einen Punkt auf der Agenda, die Ihnen noch bis 19.04.2020 zur Verfügung steht.

Etwas außerhalb der Innenstadt im Stadtteil Kücknitz liegt die Geschichtswerkstatt „Arbeitermuseum Herrenwyk": Hier erfahren Sie, was die Industrialisierung für Lübeck bedeutete. Ursprünglich stand an dieser Stelle nur ein kleines Fischerdorf – doch mit den Motoren kamen 1907 die Hochofenwerft mit drei Öfen und 1917 die Flenderwerft. In etwas über 70 Jahren entstand und verschwand dieses Arbeiterviertel wieder. Im ehemaligen Kaufhaus der Werft erleben Sie Geschichte zum Anfassen: Der Hauptteil des Industriemuseums befasst sich mit den Arbeitervierteln und den Zuständen der 1920er und 1930er Jahre. Ein weiterer elementarer Teil der Sammlung erzählt die tragische Geschichte der Zwangsarbeiter zu Zeiten des Dritten Reiches. Ebenfalls finden jährlich bis zu drei Sonderausstellungen statt, die sich mit Industrie und Technik befassen.

Einen nicht unwesentlichen Teil der Ausstellung erarbeiten die Städte Lübeck, Kiel, Elmshorn und Neumünster gemeinsam, so dass die Sonderausstellungen auch in den jeweils anderen Städten gezeigt werden können. Sollte Ihr Interesse sich auf die Spaltung Deutschlands beziehen, so seien zwei Orte nicht unerwähnt gelassen: Im Ortsteil Lübeck Schlutup liegt die „Grenzdokumentationsstätte".

Der „Lübeck-Schlutup e.V." hat zahlreiche Fotos, Videos und Erinnerungsstücke gesammelt, mit denen nachfolgende Generationen an die Grausamkeiten der Grenzzeit erinnert werden sollen. Ein Besuch in dem kleinen Areal ist rührend, da die Organisatoren auch persönliche Stücke und Andenken aufstellen. Allerdings sind 3 Euro Eintritt eher wenig für den historischen Wert, den diese Sammlung darstellt. Eine eher informative Sammlung zu diesem Thema ist dauerhaft im Bundespolizeimuseum Lübeck zu betrachten.

Hier finden Sie neben Schranken und Teilen von Grenzübergängen auch Uniformen. Im Vergleich zu der Grenzdokumentationsstätte ist dieses Magazin eher politisch zu betrachten und hat durch seinen offiziellen Charakter eine weniger emotionale Wirkung.

DIE 7 TÜRME

In den kommenden Minuten erhalten Sie „Einblick in den Überblick": Das Stadtbild wird von insgesamt sieben Türmen geprägt. Diese Türme gehören zu den fünf Hauptkirchen der Stadt.

Das Projekt „Sieben Türme will ich sehen" beschäftigt sich seit 2011 mit dem Erhalt der bekannten Skyline, denn Wetter und Gestein verstehen nichts von Welterbe und Kultur und so pflegen, reinigen, reparieren und schützen die Bürger ihr Stadtbild. Es folgen die Türme in historische Reihenfolge: St. Petri mit einem Turm, der Lübecker Dom mit zwei, dann St. Aegidien und St. Jakobi mit je einem und St. Marien wieder mit zwei Türmen.

Die früheste in den Urkunden erwähnte große Kirche in Lübeck ist die Petrikirche. Bereits 1170 gibt es den ersten Beleg über ihre Existenz. Im 13. Jahrhundert wurde das Gebäude auf drei Schiffe erweitert, als Kaiserkirche und neben der Marienkirche zweite Marktkirche der Stadt gewann sie an

Bedeutung. Der ursprüngliche Bau aus der Spätro-
mantik wurde im 15. Jahrhundert um zwei weitere
Schiffe ausgebaut, so dass die Petrikirche zu den
seltenen fünfschiffigen - nun gotischen – Hallenkir-
chen zählt. Durch die Alliierten im Zweiten Weltkrieg schwer beschädigt, dauerte es bis spät in die
1980er Jahre hinein, bis das Gebäude restauriert
war.

Das Innere war nicht mehr zu retten und so
finden bis heute nur gelegentlich Gottesdienste zu
besonderen Anlässen dort statt. Weiterhin ist die
Kirche seit einigen Jahren ohne eigene Gemeinde
und wurde zur Universitäts- und Stadtkirche er-
nannt. Der Turm trägt mit seinen 108 Metern Höhe
zum Stadtbild der sieben Türme bei. Auf die 50
Meter hohe Aussichtsplattform mit Ausblick bis zur
Lübecker Bucht und Mecklenburg kommen Sie nach
Zahlung von 4 Euro pro Erwachsenen. Aber auch
wenn Ihnen die Höhe nicht zusagt, lohnt sich doch
ein Blick in das Programm der Kirche, denn auch
Lesungen, Vorträge, Ausstellungen und Konzerte
können hier besucht werden.

Zu Zeiten der Stadtgründung herrschte Heinrich der Löwe. Dieser ernannte auf Bitten des Bi-

schofs hin Lübeck zu einem eigenständigen Bistum und legte 1137 eigenhändig den Grundstein für des Gotteshaus. Fertig wurde der Dom zu Lübeck fast 60 Jahre später. Nach langen Jahrhunderten von religiösen und politischen Wandlungen und diversen Erweiterungen am Lübecker Dom stürzte ein Großteil des komplexen Baus, inklusive der Türme, durch die Erschütterungen und Brände nach der Bombardierung 1942 ein. Einen erheblichen Teil des Innenlebens konnten die Anwohner retten.

Bis 1982 fanden grundlegende Restaurationsarbeiten statt, so wurden zum Beispiel die Fundamente der Türme verstärkt, bevor die Hauben wieder aufgesetzt wurden. Mit einer Länge von 131 Metern ist der Dom einer der längsten deutschen Sakralbauten und belegt nach der benachbarten Marienkirche den zweiten Platz im Bezug auf die Höhe der Türme: Der Dom hat mit 115 Metern nur zehn Meter weniger als St. Marien. In regelmäßigen Abschnitten bieten die Organisatoren öffentliche Führungen an, aber auch Buchungen für Gruppenführungen können vorgenommen werden. Gewiss lohnt es sich ebenfalls, einen der öffentlichen Termine oder einen Gottesdienst wahrzunehmen.

Die aktuelle asymmetrische Form St. Aegidiens entstand während der Bauentwicklung des 14. und 15. Jahrhunderts der kleinsten der Lübecker Kirchen aufgrund der Straßen, zwischen denen diese liegt. 1227 erstmals urkundlich erwähnt und seit jeher dem Domkapitel unterstellt, war diese die erste, die nach 1530 ein Abendmahl beider Konfessionen – evangelisch und katholisch – abhielt.

Der Turm des dreischiffigen Sakralgebäudes ist 86 Meter hoch. Im Vergleich mit den anderen Kirchen der Stadt hatte diese jede Menge Glück im Unglück: Eine Kanonenkugel, die in der Außenmauer verankert ist, erinnert an die Haubitze, welche die Franzosen im Jahr 1806 auf das Gebäude gefeuert haben. Die Granate verweigerte ihre Arbeit und das Gebäude blieb unbeschadet. Ebenso so glimpflich verlief der Luftangriff von 1942:

Die Druckwelle der Detonationen in der näheren Umgebung zerstörten bedauerlicherweise die colorierten Fenster, verschonten aber Mauern, Fundament und Interieur. Den ehemaligen, etwa 700 Jahre alten, Altar können Sie mittlerweile in St. Annen betrachten, während der neuere, etwa zu Beginn des 18. Jahrhunderts entstandene, weiterhin das Hauptschiff St. Aegidiens ziert. Neben einem wunderschönen Triumphkreuz steht in diesem Gotteshaus ein liebevoll gestaltetes Taufbecken, vermutlich aus der Mitte des 15. Jahrhunderts. Weiterhin können Sie während der Öffnungszeiten, also montags bis samstags von 10 bis 16 Uhr, die erhabene Orgel, die 1916 komplett erneuert wurde, begutachten. Sie können hier neben Gottesdiensten auch Kindermusicals mit biblischen Themen erleben oder einfach die Innengestaltung bewundern. Der Eintritt ist frei, es wird lediglich eine Kollekte erbeten.

Ebenfalls gut erhaltene Inneneinrichtung wie in St. Aegidien finden Sie in St. Jakobi. Diese brannte um 1300 ab, nachdem sie nur 73 Jahre zuvor ihre erste Erwähnung fand. Dieses ebenfalls dreischiffige Gebäude wurde – wie die anderen Kirchen auch – über die Jahrhunderte hinweg erweitert und ausgebaut. Der Turm liegt mit seinen 112 Metern im Mittelfeld der Lübecker Kirchtürme und bereitete den Bürgern und Baumeistern immer wieder Probleme, unter anderem, weil verhältnismäßig oft der Blitz einschlug und Stürme Dachteile runter rissen, die dann auf dem Gelände des benachbarten Heiligen-Geist-Hospitals Halt machten.

Allerdings hat sich der Rest des Gebäudes dem Luftangriff und anderen Anstürmen widersetzt, so dass beide historischen Orgeln noch erhalten sind. Im Laufe der Jahre kamen zwei weitere hinzu: Ein eindeutiges Muss für einen Besuch. Die Jakobus dem Älteren, eines der Jünger Jesu, gewidmete Kirche ist seit jeher die Lübecker Kirche der Seefahrer. So wurde 2007 das Rettungsboot eines gesunkenen Schiffes, welches nur sechs der 86 Mann starken Besatzung dem Meer entreißen konnte, die nördliche Kapelle als „nationale Gedenkstätte für zivile Seefahrt" geweiht. Die Öffnungszeiten variieren je nach Jahreszeit zwischen 10 bis 13 Uhr an den Sonntagen im Frühjahr und 10 bis 21 Uhr in der Adventszeit. Die Veranstaltungen beinhalten diverse Gottesdienste, aber auch Orgelkonzerte. Eine Besonderheit, die diesen Ort mit Spanien verbindet: St. Jakobi in Lübeck ist der Startpunkt eines der norddeutschen Jakobswege.

Einer Legende nach half der Teufel – überlistet von den klugen Lübeckern – die Kirche zu Sankt Marien zu bauen. Er dachte, er würde helfen einen lasterhaften Ort zu erschaffen. Als er merkte, dass er den Bürgern auf den Leim gegangen war, wollte er die Kirche mit einem Stein zerschlagen. Da man ihm aber sagte, dass man nun tatsächlich direkt neben dem Gotteshaus eine Lasterhöhle für Spiel, Speis' und Trank bauen wolle, ließ er den Stein fallen. Dieser liegt nun, mit einer den Teufel darstellenden Bronzefigur neben St. Marien und erfreut mit seiner Geschichte Einwohner und Besucher.

Der Bau der Kirche wurde erst in den 1350ern nach über 70 Jahren abgeschlossen. Man ließ sich Zeit mit der Kunst, die dieses Gebäude besonders macht. Nicht nur, dass sie den dritten Platz der größten Kirchen des Landes hält, sie hat mit ihren 38,5 Metern Innenraumhöhe das höchste Backsteingewölbe weltweit. Bereits die Außenansicht mit den zwei Türmen und je ein Portal in jede Himmelsrichtung ist beeindruckend. Nach französischem Vorbild wurde dieses Monument errichtet und damit selbst zur Vorlage norddeutscher Sakralbauten. Bedauerlicherweise ging bei dem Bombardement die kostbare Einrichtung der Kirche in Flammen auf.

Diverse Skulpturen, Buntglasfenster, die Totentanzorgel, Fahnen und Flaggen der Hansezeit und der Dreifaltigkeitsaltar aus dem Jahre 1525, das letzte Werk der Niederländers Jacob van Utrecht gingen verloren. Der berühmte „Totentanz" von Bernt Notke, ein auf Leinwand gebrachtes Kunstwerk über die Vergänglichkeit des Lebens in allen Preisklassen, wurde unwiederbringlich zerstört und nur wenige Fotografien erinnern noch an die Größe des Werkes. Direkt nach dem Zweiten Weltkrieg war das Augenmerk auf den Wiederaufbau der Basilika gerichtet, der Dom und die Kirche zu Sankt Petri wurden hinten angestellt. Bemerkenswerterweise konnten wenige Ausstattungsstücke gerettet werden. So können Sie nach wie vor das Taufbecken aus dem 14. Jahrhundert, eine bronzene Grabplatte von 1505 und eine in liebevoller Kleinarbeit aus diversen Teilen wieder zusammengesetzte Madonna von 1420 und einige weitere antike Stücke bewundern. Zutritt erhalten Sie täglich ab 10 Uhr, je nach Jahreszeit schließt die Kirche zwischen 16 und 18 Uhr. Ihre zwei Euro Eintritt pro Person erhalten Sie allerdings bei Austritt nicht zurück.

ÖKONOMISCHE ERKUNDUNGSMÖGLICHKEITEN

Die leckerste Gratisangebote hat wohl das Caféhaus Niederegger: Im zweiten Geschoss des schönen Gebäudes befindet sich das Marzipanmuseum. Hier erfahren Sie die Geschichte des Marzipans mit Hintergründen, Handelswegen und einem Originalrezept aus dem Jahr 1806. Ab 10 Personen kann eine Führung gebucht werden, allerdings sind die Marzipanfiguren auch ohne Erklärung beeindruckend: Sie zeigen Gestalten der Weltgeschichte in Lebensgröße. Anknabbern darf man diese leider nicht.

Wenn Sie schon mitten in der Innenstadt sind, schauen Sie sich mal um, ob Sie einen Durchgang zu den Hinterhöfen finden. Eine idyllische Besonderheit der Stadt ist nämlich, dass Durchgänge zwischen den Häusern und kleine, liebevoll eingerichtete und gut gepflegte Hinterhöfe von den Bürgern erhalten und von der Stadt nicht durch Wohnraum ersetzt wurden. Zu Zeiten starken Bevölkerungswachstums wurden in den Höfen einstöckige Buden erbaut, die als zusätzlicher Wohnraum dienten, allerdings sind diese inzwischen wieder kleinen Erholungsoasen gewichen. Der größte und bekannteste Hof befindet sich hinter dem Willy-Brandt-Haus: Der Füchtingshof. Diese gut versteckten Ruheplätze finden sich in der ganzen Innenstadt verteilt und werden Ihnen bei der zuvor erwähnten Stadtführung gezeigt. Eine Schatzsuche in Eigenregie wird aber gewiss auch belohnt werden.

Deutschlandweit findet jährlich im September der „Tag des offenen Denkmals" statt. Auch in Lübeck haben Sie an diesem Tag kostenfreien Zutritt zu den teilnehmenden Häusern. Darunter nicht nur die bisher beschriebenen Plätze, auch Privathäuser können hier angesehen werden, sofern diese sich für das Thema des Jahres eignen. Der Abschluss des Tages besteht aus einem oder mehreren Vorträgen über Denkmäler, auch hier ist der Eintritt frei.

Ich nehme allerdings an, Sie planen Ihren Urlaub nicht wegen eines Tages im September, da weiß man in Norddeutschland schließlich nie, wie das Wetter wird und besonders an diesem Tag ist man zwischen den verschiedenen Denkmälern im Freien.

Daher rate ich Ihnen, wenn Sie architektonisch interessiert sind, sich das Bau-Ensemble des Rathauses anzusehen: Mit vielerlei Fachbegriffen, den Beschreibungen der gotischen und renaissancezeitlichen Bauelementen, Bögen, Arkaden, Treppenaufstiegen, Giebeln und Laubengängen, lässt sich dieses Gebäude technisch beschreiben, erfasst aber nicht die Erhabenheit des Ortes. Im Vergleich zu den mir bekannten Rathäusern, die meist verhältnismäßig funktionell erbaut wurden, hat sich hier die Stadt Lübeck ein schönes Stück architektonische Kunst erschaffen. Nicht umsonst – sondern für 4 Euro pro Person bis zu dreimal täglich – gibt es Führungen allein durch das an einigen Stellen etwa 700 Jahre alte Rathaus: Gekonnt haben die Architekten je nach Bedarf das Gebäude erweitert und fließende Übergänge von einer in die nächste Epoche geschaffen, ohne die Bausubstanz nennenswert zu schädigen. 1953 wurde jedoch eine Grundrestauration in allen Teilen des Hauses durchgeführt, die 1942 nicht den Explosionen und Bränden zum Opfer fielen.

Dennoch zählt auch das Lübecker Rathaus zum Weltkulturerbe, da auch hier der Zeitgeist der Stadt mit Hilfe von Sanierungen, Restaurationen und Nachbildungen der verlorenen Kulturschätze erhalten werden konnte. Sprüche, Reliefs und Gemälde erinnern an die Tugenden, die für den Gerichtssaal nötig sind. Aber auch Erinnerungen an vorige Rats- und Stadtherren sind zu sehen, denn bis heute haben die Bürgerschaft und der Bürgermeister hier ihren Sitz. Die ältesten noch erhaltenen Gebäudeteile sind die Kellerräume des Rathauses, in denen Sie heute das Restaurant „Ratskeller" finden.

Der Museumshafen im Nordwesten der Innenstadt ist für Fußgänger frei zugänglich, sollten Sie aber selbst eine Jolle oder ein Segelschiff haben, so können Sie dort nach voriger Anmeldung möglicherweise einen Liegeplatz ergattern und die historischen Schiffe bewundern, die teils dem zuständigen Verein „Museumshafen zu Lübeck e.V." gehören, teils Privatpersonen, die ihr Eigentum gern auch für Ausflüge zur Verfügung stellen.

Für den Fall, dass Sie lieber zu Fuß unterwegs sind, gehen Sie spazieren. Erkunden Sie die Stadt selbst, schauen Sie in kleine Gassen, machen Sie einen Spaziergang entlang der Trave oder umrunden Sie die Innenstadt entlang des Wassers. Zum Weltkulturerbe gehören teils ganze Straßenzüge, deren Fassaden viel erzählen können. Alternativ erhalten Sie für 10 Euro Zutritt zu dem Open-Air-Bus, der Sie auf eine geführte Stadtrundfahrt mitnimmt oder nutzen Sie eines der zahlreichen Angebote für Rundfahrten zu Wasser. Je nach Tour sind Sie mit 10 bis 25 Euro in der Hauptsaison von Mai bis Oktober dabei, können teilweise selbst kleine Boote mieten und selbst auf Erkundungstour fahren oder Sie genießen einen langen Schiffsausflug von Lübeck bis Travemünde.

Es gibt außerdem ein großes Angebot an „klassischen" Stadtführungen, allerdings auch diverse ungewöhnliche. Darunter eine Krimitour, bei der Sie nicht nur mit Detektivutensilien ausgestattet und leicht verköstigt werden; Sie haben auch 150 Minuten Zeit, ein fiktives Verbrechen aufzuklären und lernen dadurch die versteckten Plätze der Lübecker Innenstadt kennen. Darf es eine gemütliche Tour mit der Rikscha sein? Auch dieses Angebot steht Ihnen neben Führungen speziell nur durch Gänge und Höfe der Stadt zur Verfügung.

Das Angebot ist vielfältig, die Preise liegen zwischen 8,50 und 33 Euro und die Touren dauern je nach Aufwand zwischen 90 Minuten und 3,5 Stunden. Sollte ich mich entscheiden müssen, würde ich vermutlich die „Tour des Monats" nehmen. Hier werden Ihnen auch saisonale Schwerpunkte geboten, wie unter anderem der beispiellose Lübecker Weihnachtsmarkt, dem Sie, sollten Sie zur Weihnachtszeit in der Stadt sein, dringend einen Besuch abstatten sollten. Er hilft gegen jede Winterdepression.

Für Frischluftliebhaber

In der schönen Hanse und ihrem Umland haben Sie diverse Möglichkeiten, sich in der Natur zu verlustieren. Diverse Wanderwege sind entlang den drei Wasserläufen Trave, Wakenitz und Elbe-Lübeck-Kanal zu finden und insgesamt befinden sich im gesamten Gebiet sechs Natur- und 13 Landschaftsschutzgebiete. Das Fischereidorf Gothmund liegt in einer Lagune an der Trave und besteht aus 21 Häusern, von denen einige der Reetdachhäuser unter Denkmalschutz stehen. Die Lage und Idylle dieses kleinen Ortes sind einmalig. Sollten Sie einen Tagesausflug hierher planen, so besteht auch die Möglichkeit, sich in das nahegelegenen Naturschutzgebiet Schellbruch zu begeben.

Dort leben über 200 verschiedene Vogelarten. Falls Sie weniger Zeit haben, aber sich dennoch mit der Natur beschäftigen möchten, empfiehlt sich der etwa 2,5 Kilometer lange Öko-Stadt-Pfad an den Wallanlagen der Innenstadt. Hier können Sie sehen, was die Anwohner sich einfallen ließen, um die Natur auch innerhalb des dicht besiedelten Zentrums zu erhalten. Das Museum für Natur und Umwelt bietet kleine Führungen an. Bei einem Preis 2,50 Euro pro Person für eine kleine Stadtführung in der Gruppe empfiehlt sich diese Tour. Sicherlich können Sie einige Anregungen mitnehmen, auch in Ihrer Heimat der Natur etwas Unterstützung zu schenken, so dass Sie selbst von einem kurzen Aufenthalt in Lübeck etwas Nachhaltiges mit nach Hause nehmen können.

Für eine grobe Erkundung der Flüsse empfiehlt sich eine Fahrt auf einem der Ausflugsschiffe, die Lübeck und das circa 17 Kilometer entfernte Travemünde verbinden. Sie können dann direkt den

Sandstrand an der Ostseeküste entlang flanieren, die frische Seeluft genießen und ein Bad nehmen. Oder – falls Ihnen Süßwasser lieber ist:

Wenn Sie im Sommer in Lübeck sind, suchen Sie bitte das Freibad an der Falkenwiese auf. Genießen Sie das kühle Nass in der Anlage – das Flussschwimmbad steht unter Denkmalschutz. Wenn Sie lieber nicht auf oder in dem Wasser sind, empfehle ich für historisch Interessierte den archäologisch-naturkundlichen Wanderweg. Die Strecke ist etwa 5,5 km lang und führt Sie durch die gesamte Geschichte des Umlandes. Der Pfad führt Sie durch 21 Standorte historischer Ereignisse aus vielen Jahrhunderten, vorbei an Hügelgräbern der Bronzezeit über den Philosophenweg, auf dem im 18. Jahrhundert Emanuel Geibel wanderte, bis hin zu dem Grenzstein 29 aus der Zeit des geteilten Deutschlands.

Freizeit-Botanikern und Naturfreunden bietet sich auch der frei zugängliche Schulgarten nahe der Falkenwiese an. Auf dem beinahe einen Hektar umfassenden Gebiet können derzeit bis zu 2.000 verschiedene Pflanzenarten bewundert und der „Japanische Kuchenbaum" bestaunt werden. Von April bis Oktober haben Sie die Möglichkeit, den Garten zu besuchen und die unterschiedlichen Themenbereiche zu erkunden. Neben einem Feuchtbiotop finden Sie Beete zu Heilpflanzen, Stauden, Früchten und ein alpines Terrain. Zwar dürfen Sie Ihren Hund nicht mitnehmen, aber dafür bleiben Sie auch vom Straßenlärm verschont und können auf den zahlreichen Sitzgelegenheiten verweilen und sich des Anblicks erfreuen.

Kleiner, zentraler und dennoch lohnend sind die Lübecker Bürgergärten. Diese befinden sich in der Innenstadt und verbinden unter anderem das Heiligen-Geist-Hospital und das Museum Behnhaus. Das Besondere an diesen Gärten ist: Der Name ist Programm. Die Bürger, zu deren Häusern diese Gärten gehören, haben sich damit einverstanden erklärt, ihre Gärten öffentlich zugänglich zu machen. Dort wurden diverse Skulpturen aufgestellt. Sie können hier die Rückseiten einiger der zum Weltkulturerbe gehörigen Häuser betrachten und in stiller Idylle mitten in der Großstadt verschiedene Museumsbesuche miteinander verbinden oder ganz gemütlich durch die Anlage schlendern.

Stippvisite oder Übernachtung

Mehr als dreiviertel der Gäste in Lübeck bleiben nicht über Nacht. Allerdings kann man dort auch an einem Tag mehr erleben, sehen und lernen als in einer Woche an anderen Orten. Ob Sie nur für einen Tagesausflug aus der Nähe oder mit dem Schiff aus dem hohen Norden kommen, ob Sie auf Geschäftsreise für einige Tage in der Stadt sind und sich zwischen den wichtigen Terminen entspannen wollen oder mit Ihrer Familie den Jahresurlaub hier verbringen: Sie sind hier gut aufgehoben. Nachfolgend lernen Sie einige Unterkünfte kennen, allerdings werde ich mich auf wenige besondere Angebote beschränken, so dass Sie einen Überblick an Möglichkeiten erhalten. Die Internetpräsenz Lübecks ist sehr gut sortiert und wird stets aktuell gehalten, so dass Sie dort sehr schnell das passende Angebot finden werden und bereits entspannt in die Vorbereitungen gehen können.

GEHOBENE LOGIS

Ich beginne, Ihnen die Hotels preislich sortiert absteigend vorzustellen. Anbei finden Sie jeweils einige Zusatzinformationen über die Eigenschaften der Örtlichkeiten, so dass Sie einen Eindruck erhalten, welcher Ort für Sie die beste Wahl ist.

Mitten in der lübschen Altstadt befindet sich das „Superior Atlantic". Es ist das einzige Sternehotel in der Innenstadt und bringt davon gleich vier mit. Die günstigsten Zimmer starten bei 139 Euro pro Nacht, verfügen über ein eigenes Dusch- oder Wannenbad, sind mit kostenfreiem WLAN, Kaffeekapselmaschine, Minibar, Flatscreen, Zimmersafe,

Telefon und Klimaanlage ausgestattet. Bei gleicher Ausstattung, aber in höheren Etagen liegen die ebenfalls 27 quadratmetergroßen Superiorzimmer, ebenfalls mit übergroßem Bett und gehobener Ausstattung versehen, beginnend bei 159 Euro. Auch Studios und Suiten für bis zu fünfköpfigen Familien sind dort für entsprechende Aufschläge zu buchen. Beide verfügen über einen vom Schlafbereich getrennten Wohnbereich und sind größer als die zuvor genannten Räume. Von der Dachterrasse haben Sie einen wundervollen Rundumblick über die Dächer der Stadt und sind mitten im Geschehen. Ausspannen können Sie im hoteleigenen Fitness- und Saunabereich. Das Restaurant „SALIS" versorgt Sie unter anderem mit Fisch- und Steakgerichten, das Frühstück ist im Preis inbegriffen.

Keine Sterne, dafür aber eine hochgelobte Cocktailbar, besitzt das „Radisson Blu Senator Hotel" direkt an der Trave nur wenige hundert Meter vom Holstentor entfernt. Ab 125 Euro können Sie ein Zimmer für bis zu zwei Personen buchen, im Service enthalten sind der Besuch des Schwimm- und Saunabereichs, sowie das Frühstück im Restaurant des Hotels. Die Besucher loben seit Jahren das ausgesprochen höfliche Personal und die Sauberkeit der Räume. Ein Großteil der Besucher sind Paare und Geschäftsleute.

Wenn es Sterne sein sollen, aber Sie doch eher dezentral und strandnah sein möchten, empfehle ich Ihnen das „Maritim" in Travemünde. Das 36stöckige Gebäude steht unter Denkmalschutz, ersetzt den noch vorhandenen, aber stillgelegten Leuchtturm Travemündes mit einem Leuchtfeuer 117 Meter über dem Erdboden und hat ein Restaurant in Etage 35, vor der aus Sie bei sehr gutem Essen bis zur Altstadt und weit über die Ostsee und die Bucht schauen können. Die Zimmer ab 28 Quadratmeter und 130 bis 200 Euro (Suite) pro Nacht sind im Stil der 1970er Jahre eingerichtet, neben einem Schwimmbad und der Sauna haben Sie hier ebenfalls die Möglichkeit, sich im Wellnessbereich verwöhnen zu lassen.

Wo ein Theaterschiff ist, da ist ein Hotelschiff nicht weit. Die „MS Marylou" ist mit 8 Kabinen das wohl kleinste Hotel der Stadt, bietet seinen Gästen aber ab 89 Euro pro Person die Möglichkeit, für eine Nacht in einer elegant ausgestatteten Kajüte zu wohnen. Die Räume sind circa 9 qm groß und verfügen über ein eigenes Duschbad und zwei Einzelbetten, die aber auch zusammenstellbar sind. Den Gästen stehen neben dem Speisebereich auch ein Sonnendeck und eine Bar zur Verfügung. Sie können von hier aus fußläufig in die Innenstadt.

Eine weitere Besonderheit ist „Braubergers Ferienwohnung". Diese liegt direkt über der traditionellen Brauerei und hat 80 Quadratmeter, außerdem zwei Schlaf- und ein Wohnzimmer, sowie eine Küche und ein Duschbad. Bis zu sechs Personen können hier einziehen. Haustiere und rauchen sind nicht gestattet und der Zugang zum dritten Stock ist nicht barrierefrei. Die Buchung erfolgt für mindestens drei Nächte, der Preis beläuft sich dann auf 318 bis 398 Euro, je nach Anreisedatum. Die Kosten ändern sich nicht, wenn Sie mit mehreren Personen buchen, allerdings muss dann mehr gekocht werden, da Sie nur die Unterkunft bezahlen. Es gibt weder Zimmerservice noch Frühstücksbuffet.

Da Sie aber – der Lage geschuldet – die freie Auswahl an sämtlichen Verköstigungsmöglichkeiten der Fußgängerzone haben und mit einer vollständig eingerichteten Küche versorgt sind, ist dies sicherlich eine gute Möglichkeit, seinen Urlaub in der schönen Stadt zu verbringen.

UNTERKUNFT FÜR SPARSAME

Wie Sie bereits wissen, muss man in Lübeck keine Unterbringung suchen, die einen den ganzen Tag gut versorgt. Die Stadt bietet derart viele Freizeitmöglichkeiten, so dass man eigentlich nur einen gemütlichen Schlafplatz braucht und einen Platz zum Duschen.

Die Altstadtgästehäuser „Grote Tamino I und Pamina II" haben dies verstanden und sehr schön umgesetzt. Eine Übernachtung kostet im Einzelzimmer 73, im Doppelzimmer 98 Euro, das ausreichende, liebevoll angerichtete Frühstück pro Person 10 Euro extra. Die beiden Häuser liegen in der Straße „Depenau" zwischen mehreren zum Welterbe gehörigen Häusern. Beide Bauwerke sind circa 500 Jahre alt und ehemalige Kaufmannshäuser.

Die Zimmer befinden sich in der ehemaligen Schreibstube und dem Speicher. Ihre Aussicht aus den Fenstern wird sich bedauerlicherweise nicht wie in den großen Hotels der Stadt über Dächer oder Gewässer richten, aber zu den Gebäuden gehört einer der erhaltenen idyllischen Höfe, der von den Besuchern gerne für das Frühstück genutzt wird. Weitere Speisemöglichkeiten haben Sie hier nicht, aber die Besitzer der Quartiere sind sehr familienfreundlich und ein Aufenthalt hier ist weniger formell gestaltet und sehr gemütlich.

Neben diversen anderen Unterbringungsmöglichkeiten hat mich besonders eine angesprochen, die ich Ihnen keineswegs vorenthalten darf: Man kann in Travemünde Strandkörbe zum Übernachten mieten. Diese sind etwa 140 mal 200 cm groß und jeder hat seinen eigenen Namen, wie zum Beispiel „Seesternchen". Buchbar sind die Körbe für ein bis zwei Personen ab 55 Euro (mit eigenem Schlafsack) je Nacht, oder mit Bettzeug für 65 Euro. Das Angebot, sich einen Frühstückskorb, ein Mondscheinpicknick oder ein Romantikpaket gegen Aufwandspauschale zwischen 9 und 15 Euro bringen zu lassen, ist gegeben. Die Ruheplätze sind gänzlich verschließbar, haben aber Fenster, um das Meer und die Sterne zu betrachten. Der Tagesmietpreis von 10 bis 19 Uhr liegt bei 19 Euro.

Wer möglichst viel von Lübeck sehen möchte und tatsächlich einen einfachen Schlafplatz mit Waschräumen braucht, kann entweder das Backpackerhostel in der Kanalstraße an der Ostseite des Werders buchen oder eine der Jugendherbergen aufsuchen. Das Hostel, so sagen die Gäste, ist ein Ort, wo man als Reisender eine liebevolles „Zuhause" bekommt, man darf nur kein Hotel erwarten. Es gibt eine Gemeinschaftsküche, Haustiere dürfen mitgebracht werden und Familien mit Kindern sind gern gesehene Gäste. Die Barrierefreiheit ist hier nicht eingeschränkt und die Parkplätze – im Gegensatz zu den großen Hotels – kostenlos. Je nachdem, wie aufgeschlossen man ist, kann man hier Ein- bis Achtbettzimmer zwischen 17 und 29 Euro pro Person und Nacht buchen und alle Gäste sind sich einig, dass man hier sehr gut mit anderen Gästen aus aller Welt angenehme Bekanntschaften schließt. Die Jugendherbergen liegen beide an der Westseite der Innenstadt und haben ebenfalls bis zu Achtbettzimmer für 61 Euro pro Person inklusive einfachem, aber gutem Frühstücksbuffet.

Kulinarisches

Lübeck hält viel auf seine Tradition. Dazu gehört auch Marzipan. Die Süßigkeit wird seit Ende des 18. Jahrhunderts in der Stadt produziert. Wenn man an das Naschen denkt, fällt einem meist Niederegger ein. Den Namen hat das Haus von einem Konditoreigesellen: Johann Georg Niederegger übernahm den Betrieb seines Lehrmeisters nach dessen Tod, da der Sohn Peter August Maret noch zu klein war, um ein Geschäft zu leiten. Nachdem dieser das entsprechende Alter erreicht hatte, eröffnete Niederegger selbst eine Konditorei in der „Breiten Straße", wo Sie noch heute das Restaurant und den Hauptverkaufsraum finden. Seither gilt unter den mittlerweile sechs namhaften Marzipanherstellern das ungeschriebene Reinheitsgebot nicht mehr als 30% Zucker und nicht weniger als 70% Marzipanrohmasse zu verwenden.

Die EU schützt die weltweit bekannte Leckerei mit dem Markennamen „Lübecker Marzipan" für alle Hersteller aus Lübeck, Bad Schwartau und Stockelsdorf. In den vergangenen zwei Jahrhunderten schafften es die Hersteller, derart viele Verwendungsmöglichkeiten für Marzipan zu finden, dass es aus der Backkunst nicht mehr wegzudenken ist – und der Marzipanlikör von Niederegger ist die kleine Sünde wert.

Apropos Alkohol: In manchen Hansestädten gibt es Rotspon und Wittspon. In diesem Fall die Lübecker Variante. Es handelt sich bei dem Rotspon um Bordeaux, der in Fässern gelagert per Schiff nach Lübeck kam und dort weiter reifte und mit anderen Weinsorten verfeinert wurde. Durch den Kontakt mit der Meeresluft und das Weiterreifen in nordischen Städten wurde der Geschmack des Weines verändert. Bei Wittspon handelt sich um eine Mischung aus Chardonnay und Sauvignon Blanc.

Allerdings nur im Lübecker Traditionshandel Tes-
dorpf. Die Namen der Weinsorten sind nicht ge-
schützt und viele Hansestädte haben ihren eigenen
fassgereiften, französischen Wein, den sie nach
persönlichem Belieben veredelt haben.

Wussten Sie, dass es Fair-Trade-Städte gibt?
Lübeck ist die erste in Schleswig-Holstein. Und wie
so viele Titel und Auszeichnungen haben die Bürger
und Händler der Stadt einen wesentlichen Teil dazu
beigetragen. Sich „Fair-Trade-Stadt" nennen, ist nur
dann gestattet, wenn ein bestimmter Anteil an Wa-
rengeschäften, Restaurants, Cafés und sonstigen
kommerziellen Einrichtungen darauf achtet, möglichst viele Artikel anzubieten, die nachhaltig und
gegenüber der Umwelt und den Herstellerländern
gerecht ist. Außerdem müssen öffentliche Einrichtungen und die Bürgerschaft mitmachen.

Dazu gehört noch Engagement der politischen
und bürgerlichen Seite. Wenn ich Ihnen gleich einige der zahlreichen Verköstigungsstätten der lübschen Hanse auflliste, werde ich bei den beteiligten
Geschäften ein „Fair" hinzusetzen. Sie können dann
entscheiden, ob Sie dieses Projekt unterstützen
möchten. Aktuell sind 92 Einrichtungen, darunter

die Jugendherberge am Burgtor, fünf Schulen und zwei Hersteller im Fair-Trade-Register eingetragen.

VON FRÜH BIS SPÄT

In der Lübecker Altstadt bieten sich diverse Möglichkeiten Frühstück, Brunch, Lunch, Mittagessen, Gebäck, Konfiserie oder Abendessen in unterschiedlichster Form einzunehmen. Neben unzähligen Restaurants, die mit italienischem, asiatischem oder anderweitig länderspezifischem Essen werben, gibt es aber auch lokale Größen, die entweder durch Tradition in der Stadt verwurzelt sind oder durch moderne Strömungen entstanden.

Das „Café Affenbrot" ist das Stammcafé des „Werkhof e. V." in Lübeck. Bereits zu Beginn der 1980er Jahre eröffnet, widmete es sich der vegetarischen Küche. Mittlerweile ist auch ein Großteil der Küche damit beschäftigt, vegane Speisen zuzubereiten. Beinahe alle Ingredienzien sind regional beschafft und biologisch, es besteht eine enge Zusammenarbeit mit einem nahegelegenen Biohof für Milchprodukte und saisonales Obst und Gemüse. Es verwundert nicht, dass dieses Etablissement die

Marke „Fair" verdient trägt. Das Café ist gemütlich eingerichtet, kinderfreundlich und hat eine wirklich schöne Speisekarte mit Frühstück und Abendessen. Das kostspieligste Gericht für eine Person liegt dabei bei unter 14 Euro. Die Rezensionen beschreiben das Geschäft als locker, die Bedienung als ausgesprochen höflich und das Essen als sehr lecker. Weitere Orte mit ähnlicher Unternehmenspolitik sind das „Café Bohne" in der Percevalstraße und der „Tonfink" in der Großen Burgstraße.

Niederegger. Gehen Sie hin, trinken Sie Marzipancappuccino, essen Sie Marzipantorte oder eines der anderen zahlreichen Konditorenkunstwerke. Und bitte, glauben Sie nicht, es gibt nur Süßes. Im Restaurantbereich gibt es wirklich gute Tomatensuppe und wer Spargel mag, darf sich in der Saison gerne in der Lokalität niederlassen und genießen. Die Einrichtung ist dem Gebäude angemessen: In den Farben rot und weiß, verziert mit goldenen Ornamenten, finden Sie hier einen Platz, von dem man nicht mehr weg möchte (oder nach dem Essen noch könnte), muss man auch nicht: Ein Holstentor steht hier zur Besichtigung – aus Marzipan. In der Preisklasse bewegt man sich hier etwas höher, aber es lohnt sich auch. Sollten Sie nicht vorhaben, hier zu speisen, empfehle ich Ihnen, wenigstens einmal einen Weihnachts- oder Ostereinkauf hier gemacht zu haben. Der Verkaufsraum ist zur Saison gefüllt mit großen Körben, in denen die einzelnen Süßigkeiten, sortiert nach Geschmack, liegen.

Eine weitere, häufig auch von verschiedenen Theatern gelobte Größe ist mittlerweile das Bistro „Grenadine" geworden. Das Frühstücksbuffet besteht aus erlesenen – fairen – Artikeln, das Mittagsangebot wechselt täglich und für späte Gäste gibt es neben Tapas und Cocktails auch mediterrane Küche. Preislich geht es bis kurz unter die 30 Euro-Grenze, was aber bei Lammfilet gerechtfertigt ist. Die Gäste sprechen von einem Ort, an dem man sich durch die individuelle und mühevolle Bedienung und die Einrichtung innen sowie auf der Terrasse sehr wohl fühlt. Als besonderes Highlight gilt das Frühstücksbuffet, das wochentags mit 16,50 und an Sonn- und Feiertagen mit 19,50 Euro berechnet wird. Wobei das teurere Buffet auch eine vielseitigere Auswahl hat.

Eine weitere traditionelle Institution ist die „Schiffergesellschaft". Das Haus, in welchem sich das Restaurant befindet, erwarb die Gesellschaft – zu dem Zeitpunkt bereits ein Zusammenschluss zweier Bruderschaften – im 16. Jahrhundert. Das Gebäude selbst stand damals bereits etwa 300 Jahre. Die Organisation bewahrte trotz der Reformation den religiösen Anteil und stellte Lebensmittel und Unterkunft für Hilfsbedürftige Bürger.

Die Kenntnisse über Schifffahrtsrecht und Sicherheit, die unter diesem Dach vereint waren, bekamen 1614 die feste Aufgabe, Dispute der Seeleute zu klären. Die wohltätigen Absichten der Gesellschaft führten leider nach 1866 zu einer hohen Verschuldung, so dass das Gebäude verkauft werden musste. Der Restaurant- und Kneipenbetrieb kam, der Name „Schiffergesellschaft" blieb.

Auch ein Teil der Einrichtung, denn der Stil der ehemaligen Räume sollte beibehalten werden. So finden Sie noch immer die alten Mauern vor und auch Ornamente des ehemaligen Interieurs sind an Wänden und Tresen untergebracht. Die zum Restaurant gehörige Kneipe „Götterkeller" ist urgemütlich – allerdings auch der Raucherraum des Hauses. Sie finden hier diverse regionale Gerichte, aber auch Eigenkreationen. Genießen Sie hier das urige Flair bei einem guten Rotwein.

STERNEKÜCHE

Wenn Sie Ihren Gaumen besonders verwöhnen möchten, reservieren Sie sich bitte einen Platz im „Wullenwever". Das Etablissement eröffnete der mit einem Stern ausgezeichnete Roy Petermann anno 1990 und begeistert seither die Gäste mit kreativen Gerichten aus aller Welt. Die Einrichtung ist schlicht elegant und auch ein Außenbereich ist angeschlossen. Der leidenschaftliche Koch schafft es, mit unterschiedlichsten Zutaten – unter anderem auch Knäckebrot – spektakuläre Gaumenfreuden zu zaubern.

Für ganze 16 Jahre war es das einzige Sterne-Restaurant in Lübeck – und dann kamen das „Balthazar" und „Buddenbrooks". Ersteres ist das Hotelrestaurant der „Villa Mare" in Travemünde. Das Ressort umfasst etwa einen halben Hektar und begeistert Gäste seit 2013 in seiner heutigen Form. Das Restaurant selbst bieten in mediterrane Küche an, diese aber nicht klassische, sondern vom Koch neu interpretiert und verfeinert. Ähnlich verhält es sich im „Buddenbrooks". Das Restaurant hat ebenfalls einen Stern und befindet sich im „A-ROSA"-Hotel in Travemünde. Dirk Seiger verwöhnt Sie mit asiatisch-französischen Variationen, während Sie das Ambiente des ehemaligen Kurhauses genießen können.

Faszination Lübeck

Sicherlich gibt es auch Kritiker, die finden, dass Lübeck doch kein einheitliches Stadtbild hat. Gewiss: Einige Straßenzüge mussten nach 1942 schnell aufgebaut werden, um die Überlebenden der Bombardierung unterzubringen. Und ja, es gibt auch hochmoderne, weniger an das Stadtbild angepasste Bauten. Aber nichts davon ändert, dass Lübeck die schönste Stadt im Norden ist. Nirgends sonst haben es die Bürger geschafft, derart viele Kunst- und Kulturgüter zu erhalten. Es lohnt sich schlicht, diese Stadt aufzusuchen, etwas rumzubummeln und sich Dinge anzusehen, die man sonst nirgends sehen kann, weil sie zerstört wurden. Ich kann Ihnen nicht sagen, was Lübeck für Sie bedeuten wird, wenn Sie es erlebt haben. Ich kann Ihnen nur sagen, dass es sich lohnt, dies auszutesten. Sie haben gesehen, dass man nicht viel Geld braucht, um etwas Kultur kennenzulernen. Aber nehmen Sie sich die Zeit und finden Sie es selbst heraus.

Packliste

Geld & Finanzen

O (evtl.) Auslandswährung
O Bargeld
O Bauchtasche
O Brustbeutel
O Bauchtasche
O EC-Karte
O Kreditkarte
O Notfall-Telefonnummern der Banken
O Portmonee

Hygiene

O Haarbürste / Kamm
O Deo (klein)
O Shampoo
O Kulturtasche
O Sonnencreme
O Taschentücher

O Reise-Zahnbürste und Zahnpasta
O Verhütungsmittel

Kleidung

O Badeklamotten
O Gürtel
O Hosen kurz / lang
O Mütze / Cap / Hut
O Pullover
O Regenjacke
O Schlafanzug
O Socken
O Sonnenbrille
O Sportklamotten / Jogginghose
O T-Shirts
O Unterwäsche

Medikamente

O Blasenpflaster
O Anti-Durchfalltabletten
O Erste-Hilfe-Set

O Fiebertabletten

O Fiebertabletten

O Mückenschutz

O sonstige Medikamente

O Pflaster

O Kopfschmerztabletten

Unterlagen & Papiere

O ADAC Unterlagen

O Adresslisten für Postkarten

O Krankversicherungsnachweis

O Stadtplan

O Führerschein

O Unterlagen für die Unterkunft

O Wasserdichte Hülle für Reiseunterlagen

O Impfausweis

O Mietwagenunterlagen

O Personalausweis

O Reisepass

O Reisetagebuch

O evtl. Studentenausweis

O evtl. Visum
O Zug- / Bahn- / Flugticket

Taschen & Rucksäcke

O Koffer / Trolley / Reisetasche
O Regenhülle für Rucksack
O Rucksack

Schuhe

O Badeschlappen / Hausschuhe
O Schuhe und Wechselschuhe

Sonstiges

O Brille / Kontaktlinsen und Etui
O Buch zum Lesen
O Ohrenstöpsel und Schlafmaske
O Regenschirm
O Reisedecke
O Wasserflasche
O Wörterbuch

Elektronik

O Digitalkamera
O Handy
O Ladekabel
O Kopfhörer
O evtl. Steckdosenadapter
O Power-Bank

Herstellung und Verlag:

BoD – Books on Demand, Norderstedt

ISBN: 9783752894318

1. Auflage

Kontakt: Psiana eCom UG/ Berumer Str. 44/ 26844 Jemgum

Covergestaltung: Fenna Larsson

Coverfoto: depositphotos.com